CB051124

VIVA

ROBERTO CACCIARI

CATANDUVA SP
2023

soluções para o bem viver
inspiradas por Espíritos Superiores

SUMÁRIO

EM CONSTRUÇÃO

Devemos sempre usar de compreensão com as falhas alheias. Estamos todos em construção. Somos imperfeitos, incompletos! Exigir mais de nós e daqueles que seguem conosco é faltar com a compreensão e com a fraternidade. Cada dia é um desafio. Não é fácil acertar sempre. Fazemos tentativas de acertos que acabam em erros. Se a nossa intenção é boa e acabamos por errar, nada de condenar e nos autocondenar. Continuemos nossa marcha, novas oportunidades aparecerão, novas chances para acertarmos. Não fiquemos debruçados no muro da lamentação; confiemos em Deus, confiemos em nós...

HORA CERTA

Nada é por acaso na obra de Deus. Tudo está certo, ocorre na hora certa, com a pessoa certa. Aquele filho que mais nos preocupa é o instrumento necessário para que nos corrijamos. O esposo que não preenche a nossa expectativa mais íntima é o companheiro necessário para o nosso exercício de paciência. A esposa que tem outras preocupações, deixando de lado o convívio familiar, é a prova de superação que fazemos no íntimo da alma. Está tudo certo com as pessoas com quem precisamos conviver; assim é nossa existência e assim seguimos nós, evoluindo sempre.

O MODO ESCRAVIZANTE

Todas as vezes que nos vincularmos intimamente aos bens materiais, sofreremos as influências diretas deles. Passaremos a ser dependentes deles, às vezes de modo escravizante. O acúmulo desses bens nos leva a quedas espetaculares, pois, mais cedo ou mais tarde, tudo trocará de mãos. Não há como impedir que isso aconteça; é da transição dos valores, é das experiências necessárias do ter e do não ter. Ora estagiamos tendo, ora estagiamos não tendo. Assim, a vida segue seu curso, sem se deter. Entre ter e ser, não esqueçamos: prefiramos carregar o benefício de ser, pois isso ninguém nos tira...

NOSSA MELHOR ESCOLA

Não reclamemos dos nossos problemas familiares, pois a família é a nossa melhor escola. Na família, exercitamos a paciência, a compreensão, vencemos a mágoa e buscamos forças para os embates do dia a dia. Na família, somos também acarinhados, às vezes reconhecidos e, muitas vezes, exigidos ao máximo de nossas forças. Na família, sentimos saudades, que chega a arrebentar o coração. Na família, amargamos a dor da separação, dos adeuses. Na família, sentimos uma felicidade que se aproxima da plenitude. Na família, somos o que somos... Bendita seja a família que nos abriga...

VELHOS CONHECIDOS

De nada adianta reclamarmos do fardo que carregamos. Bem sabemos que ele é proporcional à nossa capacidade. Não é demais, nem de menos; cabe justo em nosso ombro. Quando reclamamos, o fardo passa a pesar mais, pois a ele é acrescentado a nossa própria revolta. Olhemos para os nossos fardos até com certa simpatia. Somos velhos conhecidos, eles já estiveram antes em nossos ombros, mas os deixamos cair durante nossa caminhada anterior. Eles estão de volta como velhos amigos que foram deixados na retaguarda. Vamos caminhando e aprendendo, e logo perceberemos que eles não pesam tanto assim.

DESAFIOS DIÁRIOS

Todos nós temos desafios diários. Todos somos chamados a realizar tarefas que, às vezes, não nos agradam, não nos dão prazer, que, se pudéssemos, não realizaríamos. Mas a nossa trajetória tem necessidades, que desconhecemos, de aprendizados necessários. Então, tenhamos paciência frente a novos desafios e confiança em nossa capacidade de superação e de aprendizado. Sempre nos mostremos prontos para executar o que nos cabe. Não é fácil, bem sabemos, mas também nunca ninguém nos disse que seria fácil, somente que seria preciso...

MESTRA DA VIDA

Quando a mestra dor nos visitar, não nos revoltemos. Adotemos o silêncio e a oração. O silêncio porque, por meio dele, ouviremos o Pai falando ao nosso coração em forma de consolo. A oração porque, por meio dela, o Pai ouvirá as nossas súplicas. De nada adiantam tantas queixas, revoltas. O que nos favorece é prosseguir, apesar do sofrimento. Não detenhamos a nossa marcha, mesmo com os pés doloridos da caminhada. Deus sempre caminha conosco...

O TRIBUTO DA NOSSA BAGAGEM

Toda conquista é um acréscimo de responsabilidade, porque pagamos tributos conforme a bagagem que levamos. Portanto, quando conquistarmos algo há tempos pretendido, buscado com luta, pensemos logo: "Deus está me dando mais essa responsabilidade." A partir daí, façamos o nosso melhor, o mais desprendido e que beneficie muitos. Aí, sim, a verdadeira felicidade envolverá o nosso coração: a felicidade do dever assumido e cumprido. Ninguém é feliz em meio à infelicidade e às atitudes egoístas. Ninguém...

DE PORTAS SEMPRE ABERTAS

Se um sorriso abre portas, a compreensão nunca as fecha. Compreendermos a marcha da vida e ir tocando em frente é o nosso grande desafio. Às vezes, ficamos sem forças para dar os passos necessários. Nesses momentos, precisamos também compreender as nossas fragilidades. Assumir nossas fragilidades, porém, não significa desistir. Significa crer que Deus não fala "não", mas "ainda não"! E, na estrada longa da vida, não se pode parar. Coloquemos um sorriso no rosto e vamos em frente.

QUANDO PERDEMOS

Darmos valor a algo que nos fazia bem e amávamos apenas depois da perda tem sido uma constante em nossas vidas. O velho ditado que diz "só valorizamos quando perdemos" continua atual. Mas, podemos e devemos mudar isso. Até porque determinadas "perdas" têm comprometido os poucos momentos felizes que temos. Então, valorizemos o pouco que temos para merecer a abundância do necessário no futuro. Olhemos e sintamos à nossa volta tudo o que nos tem feito bem, às vezes anonimamente. Valorizemos, então. Nada nos impede.

Sermos tranquilos e estarmos tranquilos em meio a tanta ansiedade não é fácil. O mundo da movimentação, do *on-line*, obriga-nos a acompanhar o ritmo. Pouco agimos, muito reagimos. O tempo, para nós, virou material difícil de se conseguir. Não há mais tempo, há apenas

movimentações, material
e mental. Nem sabemos
por que corremos tanto,
mas corremos. Fazemos
tudo às pressas, de for-
ma mecânica e repetitiva.
Pensemos um pouco nisso
e mudemos a nossa vida.
Vamos com calma, temos
a eternidade pela frente.

VAZIO

De quando em quando, um vazio toma conta de nossos sentimentos mais íntimos e uma certa melancolia nos abate. Quem nunca passou por isso? Todos nós já nos sentimos assim. Quando experimentarmos esse vazio existencial, entreguemo-nos àqueles que sofrem muito mais do que nós, àqueles que precisam de nós e esperam por nosso amparo, por menor que ele seja. Nesse momento, esqueceremos nossa dor; nesse instante sublime, encontraremos Deus, na figura de nosso irmão em sofrimento, dizendo: "Bem-vindo!"

DIA DIFERENTE

Nada nos impede de fazermos um dia diferente hoje, de sermos mais compreensivos, doces, amorosos. De nos reunirmos com a alegria e a esperança, e com elas sair para viver essa oportunidade que Deus nos oferece, abraçando a dádiva que é viver para nos entregarmos às realizações nobres. Hoje é um dia feliz: temos Deus, temos tudo.

RITMO PRÓPRIO

Nós nos construímos aos poucos; somos obras de milênios. Nada acontece em nossas vidas por acaso, tudo obedece a uma trajetória evolutiva. Baseando-nos nessas constatações, adotemos a disciplina e o ritmo próprio. Não exijamos muito de nós, e nem pouco. Adotemos um ritmo que não nos obrigue a estacionar para nos refazermos, sigamos sempre em frente no aprendizado constante. Acreditemos em nós, tenhamos amor para conosco, vamos em frente. Tudo dará certo.

CORAÇÃO E SINTONIA

Onde colocarmos o nosso coração, ali estará o tesouro dos nossos sentimentos. Onde colocarmos a nossa sintonia, ali estará quem nos acompanhará. Coração e sintonia são tudo em nossas vidas. Há de haver zelo da nossa parte quanto a isso. Tenhamos cuidado com os nossos pensamentos, pois eles são fontes inesgotáveis de atração e de emissão de vibrações. Vigiemos e oremos, sempre.

SOZINHOS?

Não estamos sozinhos. Não estamos abandonados. A ajuda sempre chegará, seja por meio de um conselho de alguém querido, seja por meio de uma mão amiga que nos ergue do solo dos nossos erros. Mas também não estamos esquecidos pela providência divina, principalmente. Então, ergamos a nossa fronte para o sol que ilumina e deixemos que a brisa mansa toque os nossos rostos. Confiemos sempre: não estamos sozinhos. 

O ESPELHO DE NÓS

Mudemos em nós o que nos aborrece nos outros. O próximo sempre é o espelho daquilo que somos ou do que já fomos. Só se destaca o que já vivemos, o que nos é perfeitamente conhecido. Então, não façamos críticas nem julgamentos apressados. Somos imperfeitos; jamais esqueçamos disso. Se alguém errar, ajudemos. Amanhã, certamente, seremos nós os que necessitarão de ajuda. Sentenciemos menos; amemos e compreendamos mais.

SOB A PROTEÇÃO DO PAI

Por mais que as ondas bravias nos sacudam daqui para acolá e que o mar da esperança esteja baixo, continuemos a orar e a trabalhar. Tudo passa, e o sol da esperança sem-pre prevalecerá. Não há dor interminável, não há noite que o sol não vença. Estamos sob a proteção do Pai, e essa proteção nunca nos falta. Continuemos acreditando no amanhã, pois ele sempre trará as bênçãos que merecemos.

AMEMOS HOJE!

Não percamos a oportunidade de demonstrar o nosso amor e o nosso carinho. As oportunidades passam; nos silenciamos e fica uma sensação de "devia ter falado", de "devia ter feito". É certo que, para demonstrarmos o nosso carinho, nunca faltarão oportunidades, mas existirão momentos especiais, únicos para cada ocasião. Não nos acanhemos, pois o amor, quando expresso como um sentimento único, que vem de dentro e se esparrama por todo o ambiente, é o alimento sublime para todos, inclusive para nós. Tenhamos coragem, não escondamos mais o imenso amor que existe em nós.

VENCENDO OS OBSTÁCULOS

Errar, todos erramos. O que nos diferencia uns dos outros é a nossa capacidade de não continuar errando, de nos corrigirmos sem que ninguém aponte nossos erros. É uma luta silenciosa, íntima, que nos dá uma vitória também silenciosa, sem aplausos. Somos senhores de nosso destino. Transitamos por essa vida vencendo os nossos obstáculos dentro do esforço de cada momento. Nosso suor... nossa vitória. Nosso comodismo ou nossa inércia... nossa derrota. Se errarmos, não insistamos nos erros; tenhamos o fortalecimento humilde para mudarmos. A vitória íntima chegará, pois o tempo nos faz todos iguais... Vitoriosos!

"RECADOS" DE DEUS

Temos que estar atentos aos "recados" de Deus. Antes de qualquer acontecimento mais doloroso, o Pai nos envia inspirações, também amigos que nos alertam para correções necessárias. Não podemos ignorá-las e insistir nos erros, nos desvios de rotas. Não é fácil andar em linha reta, sem desvios comprometedores. Mas, se quisermos estar em paz com a nossa consciência, é preciso que tomemos o caminho e a porta estreita. Verter suor e algumas lágrimas faz parte do nosso aprimoramento. Então, seguremos firmes no leme do barco de nossas vidas. O porto seguro está à nossa frente, logo ali. 

DESÍGNIOS DIVINOS

Às vezes é muito difícil entender os desígnios de Deus. Mas, mesmo que em um primeiro momento não os entendamos, tenhamos dentro de nós a certeza de que o Pai nunca erra. O que é injusto diante dos nossos olhos e sentimentos nada mais é do que a justiça perfeita de Deus agindo. Os desígnios de Deus ainda são insondáveis para nós. Nos falta entendimento! Mas temos plena certeza de que Deus nos ama. E muito! Então, tenhamos fé raciocinada, antes de tudo. Tenhamos esperança em dias melhores quando estivermos em dificuldades e mergulhados em dores. Tenhamos serenidade e aceitemos sempre, sem revoltas. Deus está sempre ao nosso lado, então estejamos sempre ao lado Dele e com Ele.

NO LUGAR DO OUTRO

Quando quisermos analisar uma situação com isenção, coloquemo-nos no lugar de quem a estiver enfrentando, principalmente se a situação for dolorosa. Não julguemos apressadamente as situações; não fiquemos na superficialidade, sem compromisso com a verdade e com o amor. Sejamos compreensivos, antes de tudo, e silenciosos. Não emitamos nenhuma sentença dolorosa, equivocada. Antes de julgarmos, ajudemos com carinho, sem rotularmos erros e necessidades. O mundo sempre ficará melhor com mais auxílios e menos julgamentos. Deus, antes de tudo, auxilia-nos com seu amor... Auxiliemos também. 

É preciso cultivar o bom ânimo, o entusiasmo. Não podemos ficar "sepultados no corpo" como se tudo fosse impossível de ser realizado. Quando colocamos entusiasmo nas nossas realizações, a vida vibra conosco. Contagiamos e somos contagiados; deixamos um rastro de luz, por menor que seja. Bem sabemos que não é fácil, mas, também, nada e ninguém nos disse que seria fácil. A vitória é dos que se fazem fortes, dos que lutam incessantemente e acreditam na própria superação. Eis o "milagre" da autoconquista. Assim, prossigamos, sem nos deter. A vida não se demora com os dias passados. Sigamos em frente, sempre.

ESTRAGO MAIOR

A insatisfação está sempre nos buscando. Na maioria das vezes, acaba nos encontrando e fazendo um estrago em nossa vida. Quando ela toma conta de nós, o estrago é ainda maior. Para que ela não vença, adotemos alguns procedimentos fraternos. Comecemos a distinguir tudo de bom que a vida nos oferece, agradecendo por isso. Pensemos em tudo que recebemos sem merecer, nos "adiantamentos divinos": nossa saúde corporal, mental e espiritual; as dádivas que a natureza nos oferece, como uma paisagem; a bondade do Criador, que nos socorre sempre. Pronto! Com isso, a insatisfação, essa nossa velha amiga, não permanecerá.

INDEFINIDAMENTE

Reviver as más lembranças todos os dias é prolongar o sofrimento indefinidamente; é transformar a vida em um amargor sem fim. Da mesma forma que o sol sepulta a escuridão da noite, as boas lembranças devem ocupar o lugar das más lembranças. As trevas serão dissipadas pela luz. As más ações serão substituídas pelas boas ações na contabilidade divina. Valorizemos o que temos de melhor; sim, temos muitas coisas boas, bons sentimentos, e jamais nos esqueçamos disso. Sejamos justos para conosco. Então, que brilhe a nossa luz!

REAL VALOR

Tudo na vida tem o valor que lhe damos. É preciso reconhecer certos equívocos que temos cometido ao valorizarmos o que, às vezes, não tem tanta importância, deixando de valorizar o que realmente tem. Certo é o ditado que diz: "Só valorizamos quando perdemos." Mas também é correto dizer: "Só valorizamos quando somos capazes de reconhecer certos valores." Infelizmente, falta-nos capacidade para tanto. Nos perdemos na superfície, no efêmero, no passageiro. Olhos de ver ainda não temos, o que temos são sentimentos confusos, um pouco sem sentido; estamos nos aperfeiçoando. Assim, olhemos à nossa volta... Valorizemos o que já podemos ver, e o amor agradecerá.

RECOMEÇOS

Sempre é tempo de refazer, de renovar. A vida nos oferece essas oportunidades de maneira incessante. O que ontem nos machucou, nos feriu, hoje, com a devida compreensão, transformou-se em lição benfazeja. Não paremos... Olhemos para a frente, vislumbrando o futuro glorioso que nos espera. Descrer de dias melhores é abdicar da felicidade que certamente virá. Da mesma forma que o sol brilha todos os dias, a nossa luz também brilha. Creiamos em Deus, na vida, em nós mesmos. Creiamos sempre; confiemos.

ESPERANÇA NO PORVIR

Às vezes, tememos pelo nosso futuro. É natural que isso aconteça, principalmente quando não estamos satisfeitos conosco no presente e quando recordações dos erros do nosso passado nos assombram. A consciência tranquila no presente é a única garantia de um futuro mais sereno, assim como a boa semeadura é a garantia de uma colheita benéfica. Não há como dissociar um futuro tranquilo de um bom comportamento no presente, pois um fator está diretamente ligado ao outro. Se buscamos um futuro tranquilo, comportemo-nos corretamente no presente. Sirvamos mais, exijamos menos; podemos começar por aí.

O MELHOR A FAZER

A maioria das discussões são infrutíferas. Elas brotam do nosso ego inflamado e produzem mágoas e afastamentos. Quando surgem, é melhor ouvir do que dizer algo, afinal não se apaga incêndio com combustível. Tentemos compreender o nosso contendor, até mesmo apaziguá-lo, se possível. Em um momento apropriado, depois de estabelecida a calma necessária, coloquemos o nosso ponto de vista. "Em casa que falta pão, todos gritam e ninguém tem razão." Não é só o pão que falta, não; às vezes, falta o bom senso, e perdemos a razão também. 

RECONCILIA-TE

A reconciliação com aqueles a quem magoamos é uma necessidade primordial. Reconciliar-mo-nos com quem nos magoou, quando o pedido sincero de perdão chega a nós, é uma paz necessária. Mas, ainda, o nosso grande desafio é nos reconciliarmos conosco. Sempre somos mais exigentes! Nos perdoarmos ainda é difícil, principalmente quando o remorso ronda a nossa consciência. Mas é preciso. Chega de autocondenação, de autopunição descabida. Poderíamos estar fazendo o bem com o tempo que "perdemos" nos punindo. O bem precisa de nós, e nós precisamos tanto do bem... 

CANDIDATO À INFELICIDADE

Aquele que coleciona mágoas e ressentimentos é um sério candidato à infelicidade. Poderá se tornar amargo, sem se dar o direito à superação e à própria felicidade. Partamos do princípio de que todos falhamos, uns mais, outros menos. Não existe a perfeição que buscamos nas pessoas. Idealizarmos uma pessoa sem defeitos é criarmos uma ilusão que logo se desfará. Se temos que exigir, ainda é melhor que exijamos de nós mesmos, compreendendo as falhas e faltas alheias. Comecemos, então, por não guardar mágoas; já é um bom começo.

BUSCA REAL DA PAZ

O nosso íntimo sempre será refletido nas nossas atitudes. De que adianta buscarmos a paz se interiormente estamos em ebulição de ódio? Ou buscarmos o amor se por dentro estamos com os nossos sentimentos em desalinho, vibrando discórdia? Somos o que somos, mas podemos nos melhorar, sempre. A espada fere, antes de tudo, quem a usa. As cicatrizes que causamos aos outros são muito maiores em nós. Cuidemo-nos! Não deixemos o desamor tomar conta dos nossos sentimentos. Ele nunca é bom companheiro... 

PLANTIO E COLHEITA

Toda colheita está ligada a um plantio. Nós plantamos, nós colhemos. É a lei imutável de Deus nos dando justiça, pois para toda ação haverá uma reação. Antes de reclamar, busquemos a origem de nossos problemas. Ninguém sofre sem merecer, ninguém tem mais do que merece.

Mas, se as dificuldades se instalarem, lidemos com elas com espírito de aceitação. Para que gerarmos mais problemas para nós mesmos? Já não temos problemas suficientes? Aceitemos e aprendamos, pois já nos revoltamos tanto, já sofremos tanto... Não precisamos sofrer mais.

ESCOLHENDO AS CORES DA VIDA

No quadro da nossa existência, usaremos as tintas que o nosso livre-arbítrio determinar. Poderemos usar as cores escuras e opacas do pessimismo, do desânimo, da nossa inércia. Poderemos usar as cores vibrantes do amor, do otimismo, da felicidade, da própria alegria. A escolha é nossa. O nosso interior se refletirá no exterior, sempre. Busquemos acrescentar à nossa vida o melhor, contribuindo para a felicidade de todos. Todos os dias, a tela está à nossa frente, assim como os pincéis e as tintas, então façamos o nosso melhor. O resultado será sempre nosso. Caprichemos!

O TEMPO NÃO PARA

O passado sempre está presente em nossas vidas. Não há como esquecê-lo, retirarmos determinados acontecimentos da nossa existência. Se nos marcou é porque tem o firme propósito de nos trazer ensinamentos, baseado em experiências necessárias. Se há mágoas em nossas lembranças, que possamos transformá-las em lições benfazejas para o nosso futuro. As cicatrizes são o passaporte para novas experiências e aprendizados. Aproveitemos, então, o que o tempo nos oferece. O tempo não para nunca... não para, não.

ACEITAÇÃO

Deixemos que a vida flua, caminhe; não queiramos deter os acontecimentos, segurando-os com as mãos e com a nossa vontade. Antes da nossa, prevalece a vontade de Deus e Seus desígnios. Aceitemos a vida como ela é, moldando-nos a ela, sem revolta.

O que pudermos mudar para melhor, que o façamos rapidamente. Quanto ao que não pudermos mudar, vamos dar tempo ao senhor tempo. Não permitamos que a revolta se instale. Deus nos ama, destina a nós o que é melhor para a nossa vida. Lembremo-nos sempre disso.

O CONVITE DA VIDA

A vida é um convite à alegria. Quem se alegra, combate a tristeza com sorrisos de superação. A vida é a maior dádiva que recebemos. Então, valorizemos tudo! Agradeçamos também. Por mais que tenhamos dificuldades, viver vale a pena. Fazermos da vida uma constante ação em benefício de todos é o nosso desafio. Não desanimemos, pois há muito a ser feito, e tenhamos a nossa meta íntima de superação. Deus está do nosso lado, Ele nunca nos abandona. Vivamos com alegria! 

EM SILÊNCIO

Quando estivermos com problemas e sofrimentos, lembremo-nos dos que sofrem mais do que nós em silêncio, sem dizer uma palavra, sem uma queixa. Eles nos ensinam pelo exemplo e ainda têm forças para sorrir. São capazes de esquecer da própria dor para se colocarem a serviço do Pai. Em matéria de trabalho amoroso, destacam-se sem reivindicar nada, sem distinção alguma. Continuam em silêncio, realizando o bem. Dor? Quem não as têm? Todos nós! Mas como nos comportamos diante dela é o que distingue cada um...

UMA CARTA PARA A LIBERDADE

O perdão é um dos sentimentos mais nobres que podemos oferecer a nós mesmos. Quando perdoamos, estendemos a nós uma carta de liberdade. Não ficamos mais atados a sentimentos controversos que nos aprisionam. Paramos aos poucos de

pensar em quem nos atin-
giu e em como nos atingiu.
Caminhemos para o es-
quecimento e coloquemos
no lugar da mágoa outros
sentimentos mais no-
bres. Com isso, poderemos
nos perdoar também e
nos sentirmos mais leves,
prontos para alçar voo...

ENTRE A DERROTA E A VITÓRIA

O que chamamos de derrota nada mais é do que a vitória com outra roupagem. Ainda não sabemos bem o que é vencer; temos uma visão um pouco acanhada do que realmente é a vitória. Poderíamos começar acreditando que vencer algo é vencer a nós mesmos, ter controle das nossas más inclinações, dominando-as e superando-as com as nossas virtudes. Então, nada de revolta: vencedores somos todos nós. Estamos superando aos poucos os nossos defeitos. Continuemos.

QUESTÃO DE ESCOLHA

O que valorizamos na vida? Os problemas e as dificuldades ou as bênções que nos chegam e nem percebemos? Tudo é uma questão de escolha e de preferência. Os dias passam, e as escolhas também. Só ficamos com o resultado delas. Se escolhermos

mal, teremos que refazer
o caminho. E isso custará,
dará trabalho. Comecemos
a valorizar o que merece
atenção e valor, os tesou-
ros de bênçãos que estão
em nossa posse. Esqueça-
mos as dificuldades, pois
a vida continua, e, com ela,
as boas oportunidades.

COM A PERMISSÃO DE DEUS

O espírito de aceitação é uma das virtudes que precisamos cultivar. Tudo o que chega até nós chega com a permissão de Deus e com a grande missão de nos ensinar, de nos redimir! Aproveitemos as benditas lições, pois elas têm um propósito. Não nos revoltemos. Quando a nossa vontade não prevalecer, pensemos rapidamente: "Qual lição devo aprender?" Comecemos a exercitar a paciência de imediato. Com a paciência, um novo mundo se abrirá à nossa frente. Deus é, antes de tudo, nosso Pai! E do Pai, toda lição é sagrada...

PENSEMOS NA VIDA

Quando estivermos diante da morte física, pensemos imediatamente na vida. Não há morte no universo. A vida não cessa; tudo muda e ganha uma nova dimensão. A vida é abundante e vibra soberana, de forma a nos levar para

outras regiões mais subli-
mes. Não vivamos de morte,
nunca. Vivamos de até bre-
ve, de reencontros felizes,
de corações unidos. Se hoje
é noite em nosso coração,
amanhã fatalmente será dia.
E com o dia virá a luz, ilumi-
nando os nossos caminhos. 

VIDA MENTAL

Tenhamos muito cuidado com a qualidade dos nossos pensamentos. Pensamentos são vida, são a força modeladora da existência. Se eles se tornarem nocivos, sombrios, desanimadores, atrairemos para junto de nós quem vibra nessa mesma faixa. E as companhias atraídas ajudarão a nos prostrar e a nos desanimar mais. Perderemos forças vitais, e o cansaço sem explicação passará a ser uma constante. Pensamentos esperançosos, confiantes e amorosos nos darão forças e provocarão um otimismo salutar. Então, tenhamos cuidado com o que pensamos.

DIFICULDADES AO REDOR

Independentemente das dificuldades que surjam à nossa volta, continuemos a fazer o bem. Por mais que enfrentemos ondas bravias, não percamos a visão do porto seguro; por mais que a ingratidão nos envolva, continuemos a acreditar no amor e na plenitude das realizações que ele proporcionará. As lições se sucederão, as lutas nos parecerão intermináveis, mas a vitória só virá para aqueles que porfiarem até o fim. Se formos premidos por dificuldades ásperas, não percamos a esperança. Deus sabe e, como Ele sabe, a ajuda sempre virá. Confiemos e prossigamos.

JOIA RARA

Recebemos de Deus a joia rara que é a nossa vida. Cuidemos dela, lapidando-a, acarinhando-a, com toda a nossa boa vontade. A vida é o que temos de melhor. Sem ela, não existem experiências, aprendizados, nada! Vivermos em plenitude é a resposta que devemos dar a Deus por tudo o que Ele nos faz. Não viver por viver, ir levando... Não, não! Todo presente que recebemos merece a nossa consideração. A vida que vem de Deus é o presente supremo. Cuidemos dela com todo o nosso amor e o nosso carinho.

PARA TRIUNFAR NA VIDA

A nossa vida será aquilo que dela fizermos. Se nos mostrarmos indiferentes a tudo, colheremos a indiferença por nossa vez. Somos muito importantes na ordem divina. Temos nossa missão a desempenhar, nosso espaço a ocupar. Não adiemos os nossos desafios nem viremos as costas aos nossos compromissos. Deus espera o nosso esforço em Sua obra divina. O bem tem que triunfar também com a nossa ajuda. Não fujamos assustados frente ao nosso glorioso futuro. Encaremos os nossos desafios sem medo, com determinação. Haveremos de vencer...

INTEMPESTIVIDADE

A falta de autocontrole pode nos levar a desastres iminentes. Quando algo nos contrariar, busquemos nos acalmar. Não deixemos que a intempestividade tome a frente das nossas atitudes. Desafios e aborrecimentos, sempre os teremos, pois fazem parte ainda do relacionamento humano. Reagimos muito mais do que agimos com tranquilidade. Sabendo disso, preparemo-nos para as dificuldades do dia a dia sem sermos pessimistas ou derrotistas. É a realidade nos chamando para as lições necessárias. Estamos nos formando nos embates da vida. Façamos silêncio interior, sem nervosismo, e, com calma, venceremos.

FAÇAMOS VALER A PENA

Aproveitemos os momentos da vida. Tudo passa tão rápido, tudo é tão dinâmico. Não esqueçamos jamais que por aqui estamos de passagem. Somos uma gota no oceano do tempo! Façamos valer a pena as experiências da vida. Nada de sermos

mornos frente aos de-
safios que nos chegam.
Sejamos intensos, en-
tusiasmados, vibremos!
Deixemos a nossa mar-
ca amorosa nos caminhos
que percorrermos. Se
estamos passando, passe-
mos confiantes. Vamos!

REFLEXO INTERIOR

De quando em quando é preciso que busquemos o espelho. Não para vermos as marcas do tempo, pois elas fatalmente aparecerão; mas para vermos se o nosso olhar ainda brilha, se ele ainda reflete exatamente o que vai em nossa alma, se ainda temos vontade de realizar, de travar os combates da vida. O espelho também nos mostrará se a chama do viver não se apagou, se o desânimo não tomou conta do nosso viver, se temos apenas sobrevivido em vez de vivido com intensidade. Os olhos são as janelas da alma. Façamos essa viagem interior através do nosso olhar, e concluiremos em que estação da vida desembarcamos sem nos darmos conta... Que brilhe o nosso olhar, sempre!

PRÓXIMOS DE DEUS

A solidariedade é um dos sentimentos mais belos que nos aproximam de Deus. Quando somos solidários, deixamos de ser solitários; nos aproximamos mais de nossos irmãos e sentimos a necessidade dos que sofrem como se ela fosse nossa. Esquecemos um pouco as nossas dores, enxugamos nossas lágrimas e vamos ao encontro de quem sofre mais do que nós. E são tantos... Quando, então, estivermos a nos queixar de nossos problemas, lembremo-nos dos que sofrem mais. Desse modo, a dor do próximo ganhará o nosso carinho e a nossa atenção. E a nossa dor praticamente desaparecerá...

PREÇOS DA VIDA

Tudo na vida tem um preço, seja ele emocional, seja material, seja espiritual. É preciso, então, que tenhamos muito cuidado com as nossas escolhas, com os nossos desejos de conquista. Às vezes, o que queremos pode nos trazer mais sofrimento e angústia do que plenitude. Cuidemos de nossas escolhas e falsas conquistas. Não é preciso muito para viver: simplicidade, antes de tudo. Quando determinadas ideias saltarem da nossa mente, analisemos se são salutares para nós, se nos farão bem. Se não fizerem, elas deverão ser cortadas pela raiz. Não é preciso muito para tentarmos a felicidade. Não mesmo.

NA HORA CRÍTICA

Nos momentos críticos, nas lutas dolorosas, aguardemos, pois a ajuda virá. Deus não esquece de nenhum de seus filhos. Pode ser que a ajuda não venha da forma que esperamos, mas não nos faltará auxílio. Mesmo porque Deus escreve certo por linhas mais certas ainda.

Tentemos, então, estar re-
ceptivos, orando, emitindo
pensamentos de confiança,
tendo em nossos corações
a certeza de que não estamos sós, abandonados. A
ajuda virá... Ela nunca deixa-
rá de vir. Vamos ao encontro
dela, façamos a nossa parte. Deus é Pai, nosso Pai!

UM POUCO MAIS

Insistamos um pouco mais, não desanimemos. Chegamos até aqui, já superamos tantos obstáculos! Superemos o nosso desânimo que, às vezes, tenta nos segurar. Estamos bem perto da vitória íntima, que não tem expectadores, é silenciosa e só diz respeito à nós mesmos. Vencer os nossos defeitos, as nossas más inclinações: essa é a vitória de que mais precisamos. Então, perseveremos mais, pois Deus está conosco nos dando as mãos, sussurrando em nossos ouvidos: "Prossiga, insista, Eu estou aqui!"

QUEM TE ACOMPANHA?

Os nossos pensamentos e atitudes revelam quem nos acompanha, e criam a porta que se abre para as boas e as más influências. Em torno de nós orbitam os nossos afins. Temos que nos cuidar em relação aos pensamentos ruins que às vezes emitimos, pois eles são dardos mentais com alvo certo. Por outro lado, também devemos estar atentos à recepção desses dardos. Aquele que despreza o mundo e as energias mentais é um sério candidato ao fracasso. Nunca o "Vigiai e orai" foi tão necessário, principalmente em épocas de crises morais. Pensamentos altruístas são como escudos do bem para prosseguirmos. Vibremos amor e vivamos felizes em paz.

FALSAS NECESSIDADES

Tenhamos muito cuidado com as falsas necessidades, o querer desenfreado, a vinculação total com os bens materiais. Quanto menos precisarmos, mais feliz nos tornaremos. Não carreguemos pesos desnecessários; a verdadeira propriedade não enferruja, a traça não corrói, o ladrão não rouba. A verdadeira propriedade está dentro, e não fora de nós. Ela segue conosco sem ocupar espaço, e não pesa. E a dividimos com alegria e paz. O nosso tesouro sempre estará onde está o nosso coração. Portanto, cuidado... Há perigo na esquina!

OPINIÕES

Não tentemos impor as nossas opiniões e o nosso ponto de vista a alguém. Nem sempre estamos certos, nem sempre a nossa opinião é a que deve prevalecer. Precisamos aprender a ouvir, a ponderar sobre o que ouvimos. Tudo na vida é equilíbrio. Não tenhamos vergonha em reconhecer ideias e opiniões melhores que a nossa.

Quando nos fechamos, acabamos por abrir a porta para o erro. E, quando o erro entra, é difícil expulsá-lo de nosso proceder. Acabamos, às vezes, incorporando-o, achando inclusive que estamos certos. Busquemos harmonizar a nossa vida sempre prontos para as boas mudanças. Certamente erraremos menos...

MOMENTOS MÁGICOS

Se estivermos vivendo um momento feliz, busquemos prolongá-lo ao máximo. Não troquemos esses momentos mágicos e felizes por compromissos adiáveis. Valorizemos essas oportunidades que Deus nos dá, como um bálsamo bendito nas nossas lutas diárias. Eles serão inesquecíveis, ficarão gravados na retina das nossas lembranças mais doces. Tudo passa tão rápido que acabamos ficando distantes de nós mesmos, inclusive dessas ocasiões, que possivelmente não se repetirão. Vivamos intensamente esses momentos, não deixemos que eles nos escapem.

QUEM MUITO AMA

O amor é o sentimento por excelência que mais nos beneficia. Quanto mais doamos, mais ele cresce e se multiplica. Quem muito ama raramente adoece, também pouco se entristece e tem jovialidade e alegria em viver, agigantando-se na fé e superando as dificuldades com calma e tranquilidade.

Quem muito ama é diferente, faz-se diferente, e é marcante por onde passa. Raramente é esquecido, e promove transformações benéficas em todos os que têm o privilégio de conviver com a sua bondade. Amemos, pois, sem distinção, com intensidade! Deus nos ama tanto!

AUTOLIMITAÇÃO

Uma das maiores violências que podemos cometer contra nós mesmos é a autolimitação. "Não posso", "Não consigo", "É muito para mim", "Não tenho tempo", "É muito esforço"... Estes são conceitos limitadores da nossa evolução espiritual. Somos nós que nos impomos esses conceitos, passando a acreditar neles; enormes mentiras que transformamos em verdades. Vigiemo-nos, não deixemos que essas sensações mutiladoras se arrastem para dentro de nós e que tentem nos conduzir, pois somos muito maiores do que elas. Trabalhemos com determinação. Se Deus trabalha até hoje, nós também podemos fazer o mesmo. Somos muito ricos de possibilidades, então acreditemos nisso e sigamos em frente. 

VAMOS!

É preciso que acreditemos sempre na vida, que vale a pena viver, e nas oportunidades que ela nos oferece. Nada está perdido, tudo se renova. As chances de refazer o que está errado é uma constante em nossas vidas. Viver é grandioso, é sublime, é intenso. Não vivamos por viver, sem brilho, sem um pequeno toque de paixão. O maior e melhor presente que Deus nos deu é a vida... Se estivermos passando por momentos difíceis, renovemo-nos. A vida se renovará sempre! Vamos!

NA ESCALA DO TEMPO

Não há esforço em vão que se perca na escala do tempo. Podemos até não ver o resultado de imediato, mas, quando nos esforçamos, o universo todo conspira a nosso favor. Forças poderosas se movimentam a fim de que sejamos beneficiados. Movemos energia e, dentro do nosso esforço e da nossa persistência, primeiro teremos os aprendizados por meio de lições belíssimas e, depois, o resultado em si. Então, não desanimemos por não vermos resultado de imediato, mas continuemos a plantar, confiantes! A colheita abundante virá, dentro do nosso merecimento e da nossa necessidade. Confiemos.

DESCULPAS

Se sentirmos que magoamos alguém, mesmo que sem intenção, apressemo-nos em pedir desculpas, em refazer a situação antes que ela tome grandes proporções. É tão ruim distribuirmos mágoas e sermos malquistos, recebendo vibrações ruins porque magoamos! Não vale a pena.

Busquemos a harmonia com a devida reparação, dizendo: "Eu errei, perdoe--me!" Um mundo novo se descortinará à nossa frente depois dessa nossa atitude. Nos libertaremos e o amor retornará ao nosso coração. Vamos refazer hoje alguma situação triste. Coragem!

RESPOSTA DE DEUS

A ajuda de que necessitamos sempre chega. Não da forma que a solicitamos ou a imaginamos, pois os desígnios do Pai são insondáveis. E a ajuda que nos chega tem a finalidade de nos educar, de fazer com que nós nos corrijamos também, porque a verdadeira ajuda corrige, aperfeiçoa. Daí sermos surpreendidos por lições e acontecimentos que jamais esperamos. Fiquemos atentos ao que pedimos ao Pai, pois Ele sempre nos responderá, mas não da forma que solicitamos ou imaginamos que ele faria. Deus sempre sabe o que é melhor para nós.

DESAPEGO

Um dos maiores desafios que temos de enfrentar diz respeito ao desapego. Estamos acostumados a reter, guardar, armazenar; quando temos que abrir mão de algo especial, somos consumidos por nós mesmos. Que batalha, que luta! Nossa alma clama, e não queremos ceder. Abrir mão daqueles que amamos é despedaçar o próprio coração, pois uma parte de nós desaparece também. Não conseguimos mais ser inteiros. A vida, de repente, torna-se sombria. Mas, além das nossas dores, há os reencontros... Aqueles que foram levados nunca nos farão falta porque não partiram! Ficaram os corações, e quando os corações ficam... fica tudo.

VALORIZEMOS

Como é triste reconhecermos que só passamos a dar valor aos entes queridos depois que os perdemos. Deixamos de conviver! Sentimos um vazio na alma e as nossas companhias passam a ser a tristeza e a solidão. Sentimo-nos ingratos, sentimos que não soubemos valorizar; que trocamos a companhia deles por outros atrativos. Tudo passa tão rápido! Tudo muda! Tudo se vai! Ficam poucas lembranças... amargas, algumas. Mudemos isso rapidamente: fiquemos perto deles, vamos ouvi-los, senti-los! Eles nos amam tanto...

OUVE O PEDIDO DE SOCORRO

Muitas vezes, os pedidos de socorro chegarão até nós de maneira silenciosa. Os verdadeiros sofrimentos são íntimos, quase nunca são revelados. E esses infortúnios ocultos são os mais dolorosos. Estão ao nosso lado e não nos damos conta. A nossa sensibilidade precisa captar esses pedidos de ajuda. Seja de um filho, seja de um cônjuge... de alguém de idade avançada que não quer dar trabalho, ou de uma criança arredia que, às vezes, carrega um medo, uma insegurança dolorosa. Estão todos à nossa volta e pedem socorro! Tenhamos coração para senti-los. Ajudemos!

RESULTADOS DA VIDA

A nossa vida sempre será o resultado das nossas escolhas, das nossas decisões, dos nossos plantios. O universo responderá ao estímulo que remetermos a ele. Ação e reação! Não há nada de imperfeito na obra do Pai; tudo obedece a um equilíbrio em nossa vida. Revoltas, nervosismos e violências só agravarão a situação de nossa trajetória. O nosso maior desafio é mantermos a serenidade quando ocorrer o chamado "ajuste de contas". Não nos sintamos injustiçados, esquecidos. Todo o universo conspira a nosso favor! Sejamos compreensivos, sempre... Bendita a lei perfeita que nos corrige!

ATÉ QUANDO?

Muitas vezes, sem que percebamos, aumenta muito a nossa insatisfação. Da insatisfação, caminhamos para as constantes reclamações. Reclamamos de quase tudo! Nada está bom! E, rapidamente, elegemos algumas coisas que necessariamente nos fariam felizes. Temos a necessidade do desnecessário para sermos felizes. Até quando? Essa é a questão que devemos responder, porque a nossa real felicidade depende dessa resposta. Então, cada um por si e Deus por todos! 

NOS ENTRAVES DA VIDA

Todos nós temos os nossos freios, os nossos impedimentos. Se não os tivéssemos, o que seria de nós? Certamente, estaríamos perpetuando mais erros. Mas a providência divina nos coloca entraves para impedir que erremos mais do que já erramos. Reclamarmos de dificuldades que aparecem é o mesmo que dizer a Deus: "Não concordo com a Sua Suprema justiça." Pacifiquemo-nos frente aos entraves da vida. Lutemos para superá-los com bom ânimo e com o coração voltado para o amor. Tudo tem sua razão de ser e nada é por acaso. Aceitemos o que chega até nós como dádivas celestes e prossigamos em paz...

TRANSITORIEDADE

De quando em quando, precisamos pensar na transitoriedade e na fragilidade da vida material. Ela é tão passageira que algumas preocupações nossas perdem a razão de ser. Muitas vezes, brigamos por tão pouco, desgastando-nos por algo que logo desaparecerá! Por outro lado, a vida espiritual, que é eterna, é colocada em segundo plano. Quando somos convocados a deixar o corpo físico compulsoriamente, ficamos assustados e queremos nos agarrar a tudo e a todos. Será tarde para o corpo material, mas um novo ciclo para o Espírito se iniciará. Chegada e partida estão intimamente ligadas, atuando juntas na trajetória da vida, que é única na matéria ou fora dela. Portanto, sejamos menos apegados! Tudo passa, e bem rápido...

AMEMOS AINDA HOJE

Não deixemos que a vida passe sem que externemos os nossos sentimentos mais elevados, sem deixar a nossa marca de amor na vida dos que convivem conosco. Tudo passa tão rápido, tudo termina tão rápido! O cenário com seus componentes muda constantemente e acabaremos por perder as oportunidades de dizer:

"Eu te amo!", "Eu te adoro!", "Eu preciso tanto de ti..." Depois, sentiremos um vazio, um aperto no coração. A coragem de amar e externar esse amor é uma dádiva celeste em nossas vidas. Então, que de hoje não passe. Abrace os seus, diga que os ama, porque amanhã... bem, amanhã tudo poderá mudar!

PERGUNTAS PARA VIDA

Todos nós temos compromissos assumidos na vida. É preciso que saibamos sempre que não estamos na Terra a passeio. De quando em quando, façamos um exame de consciência: estamos cumprindo a nossa missão? A que viemos? Qual é o benefício que estamos levando à humanidade? Estamos servindo ou sendo servidos? Estamos trabalhando ou dando trabalho? Chega o momento, e não demora muito, que nós nos cobraremos. A nossa consciência, juíza implacável de nós mesmos, age vigorosamente. Antes, então, de uma possível condenação, vamos nos corrigir! E rapidamente! A vida é muito dinâmica e não vai nos esperar por muito tempo.

A CHAVE DA PRISÃO INTERIOR

Só se faz livre quem perdoa e se perdoa. A falta do perdão e do esquecimento nos arroja em uma prisão sombria, sem janelas, pequena e sufocante. Para onde vamos, é lá que ele está, atando-nos a lembranças dolorosas. Não há vida sem o perdão. Descremos da felicidade e achamos que nada vale a pena e que todos contribuem para a nossa tristeza. Tornamo-nos amargos e levamos essas tristezas por onde passamos. Perdoar é abrir a porta da prisão com a chave luminosa do amor. É nos libertarmos e libertarmos também quem nos atingiu. A chave está em nossas mãos. Vamos, a felicidade nos espera...

NUTRIÇÃO MENTAL

Da mesma forma que selecionamos os alimentos que ingerimos, selecionemos também os nossos pensamentos e sentimentos. Os primeiros alimentam o corpo físico, enquanto pensamentos e sentimentos alimentam o espírito. Pouco adianta adotarmos um critério rígido para a nossa alimentação material, selecionando os melhores alimentos nutricionais, e deixarmos que pensamentos nocivos alimentem o nosso espírito, cultivando-os nas lavouras emocionais, adubando-os com derrotismos e falta de confiança no bem. Tenhamos critério, sempre! E estejamos atentos aos nossos pensamentos também. A boa colheita emocional agradece...

BAGAGEM DA VIDA

Estejamos sempre atentos aos fatos que chegam ao nosso conhecimento e às oportunidades que a vida nos oferece, retirando de cada acontecimento a lição viva do aprendizado. Estamos aqui de passagem, somos passageiros dessa existência, então a nossa bagagem é muito importante. O que carregamos conosco, a mala com nossas experiências, deverá conter o que realmente precisamos e aquilo de que faremos uso. Se adicionarmos o que é perfeitamente dispensável, só carregaremos peso, ficando atados a ele, arrastando o supérfluo escravizante. A vida, então, será pesada, dura de viver! Sejamos amorosos para conosco. Por que nos infligir o desnecessário? Nosso primeiro compromisso é com a nossa ascensão espiritual. Chega de peso, já está bom o que carregamos.

O FUTURO AGRADECE

O passado deverá ocupar espaço em nossas lembranças somente se houver ensinamentos ligados a ele. Reviver cenas, acontecimentos dolorosos, só nos faz sofrer e não oferece proveito algum. Deixarmos de lado as boas experiências do hoje para nos debruçarmos em lembranças descabidas só impede a nossa evolução. Quem não errou? Quem não acertou? Todos nós! Olhemos para a frente respeitando o passado, mas sem retornarmos a ele. A vida, no presente, reserva-nos novos aprendizados. Aproveitemos... O passado agradece, e o futuro também.

TAREFAS NOBILITANTES

Um dos maiores desafios que enfrentamos é o desprendimento. Abrir mão, ceder e doar são tarefas nobilitantes, porém difíceis para nós. Ao longo da vida, em função da nossa insegurança, queremos reter. Temos mais segurança possuindo, obtendo, armazenando, e nos esquecemos de que estamos de passagem, viajores no comboio da vida. Feito crianças que ainda não aprenderam a dividir, travamos uma luta silenciosa conosco, e temos perdido diversas batalhas. O "ter" tem vencido o "ser"! Até quando? Só o tempo e os nossos esforços dirão...

NÃO PERMITAMOS!

Quantas vezes somos surpreendidos pelo pessimismo? Ele chega de mansinho e vai se instalando em nossos pensamentos, querendo fazer morada em nossos corações. Não permitamos! Como uma erva daninha, ele tem que ser extirpado, pois é o responsável, muitas vezes, por não crescermos, por paralisar nossas lutas, por nos abater e até deprimir. Sejamos otimistas, confiemos na nossa capacidade de superação. Já passamos por situações difíceis! Deus está conosco... e nós estamos com Deus.

MEROS ADMINISTRADORES

Tudo o que nos rodeia tem a importância que lhe damos. Muitas vezes, entristecemo-nos por não conseguir isso ou aquilo. Contaminamo-nos com pensamentos doentios, amargurados, e jogamos todas as nossas expectativas nas conquistas. Se não conseguimos algo, ficamos

com a impressão de que
o mundo acabou para nós.
Mudemos logo esse com-
portamento, pois nada nos
pertence. Tudo vem do
Pai. Tudo é Dele. Somos
meros administradores!
Portanto, não tenhamos
apego, pois com liberdade
de consciência vamos con-
duzindo o que nos chega...

TENHAMOS CORAGEM

As mudanças são sempre um grande desafio, principalmente quando insistimos em um mesmo roteiro de vida, nas mesmas manias, nos mesmos comportamentos. É preciso coragem para ousar e romper com as grandes amarras invisíveis que nos prendem aos velhos erros, para usar das independências responsáveis. É necessário aceitar que estamos presos a nós mesmos. Se não dermos os primeiros passos, outros passos não virão. Tenhamos coragem... A liberdade e a felicidade agradecem.

PAUSAS PARA O SILÊNCIO

O mundo em que vivemos está atribulado, barulhento. Então, cultivemos pausas ao longo do dia para ouvirmos o "som do silêncio" e, também, a nossa voz interior, fruto de tantas experiências passadas.

Precisamos nos ouvir mais e nos sentir mais. Temos muito a relatar. Passamos dias reagindo em vez de agindo, dias sendo conduzidos, sem conduzir a nós mesmos. Façamos silêncio! É momento de reflexão...

FAÇAMOS ESSA SELEÇÃO

Tudo o que ouvimos, cedo ou tarde, fará morada em nossos pensamentos e sentimentos. Tudo o que vemos e lemos também. Da mesma forma que selecionamos e higienizamos os nossos alimentos, selecionemos também, com harmonia, o que os nossos ouvidos ouvirão, os nossos olhos verão e o nosso coração sentirá. Em muitas ocasiões, precisaremos nos preservar, cuidar de nós mesmos com carinho. Façamos essa seleção necessária, muito necessária, que só nos beneficiará.

PARA UM FUTURO MELHOR

Como sermos feliz no presente se não acreditarmos em nossa felicidade no futuro? Se tivermos dúvidas quanto a se dias melhores virão, mais tranquilos e realizadores? Não pode haver equívocos e descrenças nesse plantio de agora; não podemos plantar de qualquer maneira, sem o necessário capricho que a nossa vida merece. Acreditemos em nós, em nossa capacidade de superação, nas boas sementes que o Pai nos colocou às mãos, e as entreguemos ao solo divino, uma a uma, com o carinho de quem espera o nascimento de dias melhores, de um futuro ainda melhor do que o hoje!

DIVINO COMBUSTÍVEL

Nunca percamos a esperança, pois ela jamais pode nos faltar, devendo estar sempre por perto. Sem esperança, a vida se torna sombria, o desencanto nos abraça e o nosso ânimo se prostra esperando por socorro. A esperança é o divino combustível que nos impulsiona à frente. Ela nos ajuda a superar os obstáculos e a nos elevar acima das dificuldades. A esperança é a nossa convocação, um chamamento silencioso que alcança todos os corações! 

PARA OS BONS VOOS DA VIDA

Tenhamos bom ânimo sempre; não nos tranquemos em prisões emocionais. Criemos asas para os bons voos da vida, acreditemos em nossa capacidade de superação; vencemos no passado e estamos vencendo agora.

Nada poderá nos abater ao adotarmos os firmes propósitos de superar e de caminhar. As prisões de outrora não fazem mais parte de nossa vida, estamos livres e seremos sempre livres para voar!

ALERTA DE DEUS

Se não estamos felizes com o nosso agora, busquemos mudar rapidamente. De nada adianta culpar situações ou pessoas; o problema sempre está em nós mesmos. Nosso plantio de ontem ou de agora está comprometendo a nossa paz, e, quem perde a paz, perde a si mesmo. Essa infelicidade é um alerta que Deus permite que dispare em nós, um despertar para a mudança, para novos dias. Se o hoje não estiver bom, melhoremos, urgentemente!

NÃO NOS DETENHAMOS

Não busquemos o reconhecimento na terra, com os homens. Tudo passa tão rápido, tudo é tão efêmero. Busquemos a paz de consciência com Deus. A paz se eternizará à medida que evoluirmos e incorporarmos os valores espirituais em nossa caminhada. Não nos detenhamos porque as situações da vida não saíram como queríamos. As verdadeiras lutas sempre são travadas no íntimo, e não sob o olhar dos que seguem conosco!

CERTEZA DA VIDA

Conforme o tempo passa, cresce a nossa certeza da vida após a suposta "morte". Mas ainda temos dificuldade em acreditar na vida antes da morte do corpo físico. Temos dificuldade para viver em plenitude, com abundância e fé. Viver por viver não nos traz paz e tampouco felicidade; precisamos de intensidade, de alegria nas pequenas conquistas do dia a dia. Sigamos em frente, tocando a marcha!

TUDO SE ESCLARECERÁ

Tendo sido acusados de algo que não fizemos, acalmemo-nos. Não revidemos desnecessariamente, deixemos a vida seguir o seu curso. Tudo se modificará sempre para melhor; com o tempo, tudo se esclarecerá e a paz que cultivamos será sempre a nossa defensora. Não nos abalemos com acusações descabidas... Se errarmos, corrijamo-nos, seguindo conscientes de que o bem que fizermos nos ajudará por toda parte!

DESÍGNIOS DE DEUS

Não viemos para esta encarnação para torná-la pequena; viemos para progredir e para ajudar a progredir. Quando os desafios nos fustigarem, pensemos que temos que sair desta vida melhores do que entramos. Então, em primeiro lugar, aceitemos os desígnios de Deus com serenidade, fazendo a nossa parte com empenho. Não podemos viver de reclamações e lamentações, paralisando-nos. Tudo contribuirá para o progresso e para a evolução benfazeja. Dor e dificuldade não são privilégios só nossos; sabendo dessas verdades, travemos o bom combate, sempre!

ALÉM DO EQUILÍBRIO

Não conseguiremos resolver tudo na vida; algumas situações e necessidades estão fora do nosso controle. É preciso saber que, apesar de nossos esforços, existe o que não tem solução, não agora, nem para nós. Insistir além do equilíbrio só nos trará certa angústia e frustração. A parte de Deus, só Ele resolverá, sempre a nosso favor. Basta crer e aguardar... Tudo a Seu tempo! 

NOSSAS EXIGÊNCIAS

De exigências em exigências, construímos a nossa estrada de insatisfação. Quando não somos atendidos, salpicamos a revolta em nosso caminhar. Não é preciso tanto; seria melhor sermos mais simples, mais tranquilos diante da vida e de seus desafios. Se tivermos exigências, que as façamos a nós mesmos: podemos começar exigindo espírito de aceitação!

APOSENTADORIA DA VIDA?

A evolução é uma lei natural da vida, então não esperemos um mar de conforto em nossa caminhada. A aposentadoria da vida não existe, como também não existem grandes facilidades. Se a luta estiver árdua é porque temos essa necessidade, então não adianta reclamar... Não mesmo. Quando menos esperarmos, a roda girará, os desafios chegarão e lá iremos nós outra vez. Lembremos: o que chega até nós é sempre para o nosso bem... se soubermos aproveitar!

SERENIDADE E CONFIANÇA

Nosso desespero não solucionará os nossos problemas; ele poderá inclusive aumentá-los, pois, quando perdemos o equilíbrio, somos presa fácil para mais erros. Diante de fatos dolorosos, importa manter a calma e o pensamento em Deus. "Não cai uma folha da árvore sem que o Pai saiba." Com serenidade e confiança na providência divina, tudo se normalizará diante da vontade e das leis de Deus. "Se Deus é por nós, quem será contra nós?"

OUVE!

Aprendamos rapidamente a ouvir. A humanidade tem carência de atenção; vivemos muito do falar, mas pouco do ouvir. Nem a nós mesmos ouvimos, pois temos muito a nos falar diante das experiências do tempo vividas. Ouçamos mais e falemos menos: esta é uma regra carinhosa do bem viver. Quando pensamos em voz alta, acabamos por nos comprometer. Assim, pensemos em silêncio e só falemos palavras que ajudarão aos outros e a nós!

SIMPLICIDADE

Simplifiquemos a nossa vida para a que a vida se simplifique; comecemos logo, sem demora, sem muitas exigências. Quanto mais complicarmos, buscando necessidades efêmeras, mais vinculados estaremos a necessidades que não nos trarão qualquer paz. Buscar sem encontrar! Busquemos a simplicidade diante da vida, pois é ela que nos trará a paz... Enfim!

CULTIVAR A PAZ

Deixarmos a paz por onde passamos é um dos maiores desafios do espírito. Para deixarmos paz é preciso, antes, que a sintamos e, para termos paz, é preciso que a cultivemos a cada instante, em cada reação. É muito fácil perdê-la pelos caminhos do mundo. Temos o equilíbrio, que é o amor de Deus que há em nós. Não nos percamos de Deus por causa de nervosismos e angústias. Recebamos a paz e a guardemos como joia do coração!

NOSSA CRUZ

Não é fácil seguir as grandes almas nem tampouco imitá-las em realizações, guardadas as devidas proporções. Seguir em linha reta sem desviar do caminho do bem, com a cruz nos machucando, ainda hoje é quase impossível.

Mas havemos de continuar, embora nossos passos se encontrem com o companheiro cansaço. Lembremos sempre: a cruz tem exatamente o tamanho de nossos ombros e o peso possível de ser suportado!

VIDA SEMPRE

Agora é o momento de vestirmos a simplicidade. De concluirmos que tudo passa; que os reencontros serão felizes; que não existe morte em nenhum lugar do universo; que tudo é vida, abundante, pulsante. Hoje é dia de acreditar ainda mais na vida, de matar a morte que tenta nos entristecer, nos desiludir! Lembremo-nos sempre de que a luz dissipa as trevas, e que o sol de cada manhã brilha radiante e espalha felicidade para a humanidade toda. Então, brilhemos em vida também! 

DOENÇAS E DOENTES

Não existem doenças, mas, sim, doentes. Essa constatação nos leva a repensar a nossa vida e como nos comportamos diante dela. A saúde se inicia em nós e pode também terminar em nós, basta que nos entreguemos ao desequilíbrio e aos excessos em nossa caminhada. A vida é um incessante desafio, mas é também para ser vivida em sua plenitude, sem queixas ou desânimo. Os verdadeiros médicos de nossas almas ainda somos nós, independentemente dos médicos generosos que a bondade de Deus coloca em nosso auxílio!

FORÇA DA VIDA

Sabemos que o pensamento é a força motriz da vida, e que antecede toda e qualquer ação: pensamos e, imediatamente, agimos. Mas precisamos refletir sobre quais pensamentos externados em boas palavras constroem a verdadeira gratidão. Não guardemos para nós a oferenda que nos fez bem; devemos externá-la em forma de agradecimento a quem nos proporcionou tal oferenda. Com esse comportamento, espalharemos o bem com palavras e o pensamento de gratidão!

O PIOR DOS SENTIMENTOS

Não nos permitamos odiar, por mais doloroso que seja o que nos atingiu. Odiar é se deixar contaminar pelo pior dos sentimentos; é fabricar e provar do próprio veneno. E quem se envenena morre por dentro, afunda em projetos dolorosos. Assim, lutemos incessantemente contra esses sentimentos. Todos merecemos perdão. Já erramos tanto! Quem fere, quem magoa, já se encontra ferido. Não afundemos mais aquele que se debate no lodo da própria existência; estendamos as nossas mãos, vibremos amorosamente por quem está nessa situação. Amanhã, quem sabe como estaremos? Perdoemos sempre, por mais difícil seja!

VENCEREMOS!

Não venceremos sem crer na vitória, e a vitória se inicia com uma batalha íntima: vencer a nós mesmos. Calemos o orgulho, sufoquemos de imediato o egoísmo, superemos os medos, confiemos em nós mesmos como vencedores e não como derrotados frente às batalhas da vida. A verdadeira vitória é silenciosa e se instala sem alarde, sem exigir louros ou distinção; ela é quase anônima e diz respeito somente a nós. Com o acréscimo da responsabilidade, ela nos capacita a novos desafios, levando-nos naturalmente a aceitar as dificuldades futuras sem revolta, mais preparados, com mais humildade e com mais amor! 

LUZ PARA TODOS

Não é preciso apagar a luz de ninguém para que a nossa brilhe. Pensemos em uma constelação de luzes unidas, que ilumine a todos, que promova a luz universal! Que brilhe a nossa luz, então! Que a alegria do próximo seja a nossa alegria, e que a

felicidade de todos seja
a grande multiplicadora
do amor. Precisamos de
união, exigir menos e doar
mais. Não nos decepcio-
nemos com a decepção.
Ainda existirão falhas, mas
o amor sempre prevale-
cerá, pois ele é o alimento
sublime de nossas almas!

O QUE SOMOS?

Conhecermos a nós mesmos é um desafio que ecoa em nossa consciência desde o início; ainda tentamos ser o que acham que devemos ser. Abrimos mão de nossa autenticidade para embarcarmos em modismos. Com a mente vazia, seguimos com os vazios também. O processo de aprendizagem nasce em saber o que somos, no que aqui fazemos e em para onde nos levaremos. A opinião do próximo só deve importar quando seus exemplos forem melhores que suas palavras; no mais, continuemos a nos esforçar nas correções íntimas necessárias!

COM QUEM NOS MELHORA

Busquemos a união com quem caminha conosco por virtudes e não por defeitos, por ações pouco dignas e por atitudes rasteiras. Atraímos e somos atraídos de acordo com intenções, pensamentos e ações que temos. Nessas trocas de energias, alimentamos e somos alimentados! Daí o nosso vigiar e as nossas orações: para nos unirmos a quem nos melhora, a quem acrescenta algo à nossa jornada, a fim de entregarmos também o nosso melhor àqueles que estão ao nosso redor. Exijamos de nós os melhores sentimentos para que aqueles de bons sentimentos também se aproximem!

SEM COMPARAÇÕES!

Evitemos comparações desnecessárias, principalmente colocando-nos acima ou abaixo de alguém. Dessas equivocadas comparações nascem a inveja e o ciúme, e, com eles, os pensamentos doentios... os sofrimentos. Somos o que somos e melhoramos a cada dia. Não regridamos deliberadamente, não descamos ao pântano das paixões desequilibradas; há luz e oportunidades para todos. Há também aqueles que nos oferecem exemplos de sacrifício e amor. Estes precisam ser imitados, silenciosamente, e sem comparações!

NOSSOS PESOS

Cuidemos para não distribuir os nossos "pesos" por cruzes alheias. Nossos irmãos já andam vergados com o peso das suas próprias cruzes. Como genuínos cristãos, busquemos reduzir o peso das dificuldades dos que caminham conosco, jamais aumentar. Vigiemos atentos as nossas despretensiosas ações; há muitos ombros no mundo macerados pelo peso depositado por quem ainda não se esforçou por carregar a própria cruz!

CONVITE LUMINOSO

Quantos convites para a estrada do bem deixamos de aceitar? Por outro lado, quantos convites equivocados já aceitamos? Colecionamos ainda mais erros do que acertos. De tempos em tempos, a dor chega até nós para o devido ajuste de contas: lágrimas, desespero, promessas de mudanças. Nada ou pouco mudamos e, na esteira do tempo, vamos assim, mas nem por isso deixamos de receber o convite luminoso: "Vinde a Mim!"

REMOENDO LEMBRANÇAS

Se as nossas cicatrizes ainda doerem, esqueçamos rapidamente o que as provocou. Não vale a pena ficar reabrindo feridas, remoendo lembranças dolorosas. O que o tempo levou, levou; não alimentemos os sofrimentos no coração. Há uma nova aurora adiante, com novas oportunidades, e não há qualquer necessidade de reviver fatos dolorosos. Guardemos a espada das penosas lembranças e dos revides. Tudo passa... e já passou!

ESFORÇO PRÓPRIO

Diante das incertezas do mundo, redobremos os nossos esforços para conseguirmos superar o que nos cabe. Estamos no mundo sem pertencermos a ele: somos viajores rumo à perfeição e à felicidade. Se no estágio em que estamos somos mais solicitados a fazermos a devida correção, aceitemos os nossos desafios, fazendo o melhor por nós e por quem segue conosco. Queixas e azedumes não resolverão os nossos problemas. Confiemos em Deus e façamos a nossa parte!

AUTOCURA

Estamos sempre em busca de alívio, de cura, de restabelecimento. Não poupamos esforços; tudo é motivo de esperança. Esquecemos que a verdadeira cura está dentro de nós, naquilo que acumulamos de bom ou de ruim... A cura começa na alimentação

espiritual, na luz que acen-
demos no nosso entorno
com boas atitudes. Busquemos a autocura silenciosa
que acrescenta virtudes
pouco a pouco. Lembremos
sempre: não podemos curar
ninguém, tampouco alguém
pode se curar por nós!

SÊ MAIS FELIZ!

Apesar de a felicidade plena não ser deste mundo e de nossa condição inferior, mesmo assim podemos ser mais felizes. É uma pena que insistamos em colocar diante dos nossos próprios passos obstáculos e erros que impedem a maior ascensão à tão sonhada plenitude chamada felicidade. Colecionamos erros, uns menores e outros maiores; não abdicamos deles. Caminhar e não pecar mais é o convite que recebemos: vamos aceitá-lo, estamos muito atrasados!

AS DUAS LIÇÕES DO CRISTO

A ligação da manjedoura com o calvário é eterna. Não há separação, pois ambas nos remetem à vida. Não podemos vivenciar a emoção de uma esquecendo-nos das lágrimas da outra; os sorrisos e o sofrimento andam lado a lado na nossa caminhada. Jesus é o exemplo máximo dessa união, demonstrando a sublimação das duas. Quando vivenciarmos em nossa vida a beleza da manjedoura, não nos esqueçamos da vida imortal da cruz!

A MELODIA DO ENTENDIMENTO

Não é fácil manter a calma diante das tempestades da vida. Tampouco é fácil distribuir paz para quem está aturdido, seguindo outros em iguais condições. Mas sejamos nós a voz que canta a melodia do entendimento, da união, sem revides e perseguições. Precisamos nos apascentar, acalmarmo-nos, sermos o exemplo de quem acredita que só pela fraternidade se logra o êxito nesta caminhada.

ATENTOS AO APRENDIZADO

Não valorizemos o sofrimento nem tampouco a dor, sentimentos passageiros que só merecem a nossa atenção pelo aprendizado que trazem. Cultivemos a alegria, os momentos felizes que nos são dados por Deus... e encerremos o quanto antes as dores que nos sufocam, investindo em pensamentos esperançosos por dias melhores, momentos melhores. Basta de lágrimas e amargura: fomos criados pela felicidade e para sermos eternamente felizes!

NESSAS HORAS

Quantas vezes já nos pegamos choran-do sozinhos, tendo como companheira a própria vida, lágrimas espessas rolando face abaixo, salgando-nos os lábios? Tanta desespe-rança nesses momentos... Tanta fragilidade, insegu-rança, vontade de parar, de interromper a caminhada... Nessas horas, fitando o céu de anil de rara beleza, suplicamos forças a Deus todo poderoso. Então, uma brisa suave nos invade, sentimos uma paz vinda não se sabe de onde, e ouvimos na acústica da alma: "Prossiga... Eu estou aqui!"

TEMPO DE DESPERTAR

Cada um tem o seu tempo de despertar, de desabrochar. O nosso tempo não é igual dos que convivem conosco. Não podemos exigir que as pessoas sejam iguais a nós. Não podemos aceitar também, que sejamos iguaizinhos aos nossos irmãos. Apesar da coletividade, somos e vivemos individualmente. Temos aspirações próprias, necessidades também. É preciso respeito ao tempo de cada um e respeito a dificuldade de cada um. Tudo se encaminha com equilíbrio no universo. Sejamos nós os que compreendem e clamam por compreensão. 

DADOS INTERNACIONAIS DE CATALOGAÇÃO NA PUBLICAÇÃO [CIP BRASIL]

C118v
CACCIARI, Roberto [*1954]
Viva! / Roberto Cacciari
Catanduva, SP: Infinda, 2023
264 p. ; 7,5×11×1,3 cm

ISBN 978 85 92968 17 5

1. Autoconhecimento
2. Desenvolvimento pessoal
3. Emoções 4. Psicologia aplicada
5. Espiritualidade

I. Cacciari, Roberto, 1954–. II. Título

CDD 158.1 CDU 159.942

ÍNDICES PARA CATÁLOGO SISTEMÁTICO
1. Autoconhecimento : Desenvolvimento pessoal : Psicologia aplicada 158.1

EDIÇÕES
1.ª ed., novembro de 2023, 5 mil exs.

© 2023 by Infinda

DIRETOR GERAL
Ricardo Pinfildi

DIRETOR EDITORIAL
Ary Dourado

CONSELHO EDITORIAL
Ary Dourado, Ricardo Pinfildi,
Rubens Silvestre

DIREITOS DE EDIÇÃO
Editora Infinda
[Organizações Candeia Ltda.]
CNPJ 03 784 317/0001-54 IE 260 136 150 118
R. Minas Gerais, 1520 · Vila Rodrigues
15 801-280 Catanduva SP
17 3524 9801 www.infinda.com

COLOFÃO

TÍTULO
Viva!

AUTORIA
Roberto Cacciari

EDIÇÃO
1.ª

EDITORA
Infinda [Catanduva SP]

ISBN
978 85 92968 17 5

PÁGINAS
264

TAMANHO MIOLO
7,5×11 cm

TAMANHO CAPA
7,5×11×1,3 cm [orelhas 5 cm]

CAPA
Ary Dourado

REVISÃO
Beatriz Rocha

PROJETO GRÁFICO & DIAGRAMAÇÃO
Ary Dourado

COMPOSIÇÃO
Adobe InDesign CC 19.0 x64 [Windows 10]

TIPOGRAFIA CAPA
Acto Thin 60, Acto Book 12, Acto Medium Italic 11, Acta Medium 10/13 [*by* DSType]

TIPOGRAFIA TEXTO PRINCIPAL
Acto Medium 12/15 [*by* DSType]

TIPOGRAFIA TÍTULO
Acto Bold 12/13 [*by* DSType]

TIPOGRAFIA FÓLIOS
Acto Bold 15/15 [*by* DSType]

TIPOGRAFIA DADOS & COLOFÃO
Acta Bold 7/8, Acto Bold 6/8 [*by* DSType]

MANCHA
50×77 mm, 15 linhas [sem fólio e título]

MARGENS
12,5 : 17,5 : 12,5 : 15,5 mm
[interna : superior : externa : inferior]
[sem fólio e título]

PAPEL MIOLO
ofsete Suzano Alta Alvura 75 g/m²

PAPEL CAPA
papelcartão Suzano Supremo
Alta Alvura 250 g/m²

CORES MIOLO
1×1: Pantone 3005 U

CORES CAPA
4×1: CMYK×Pantone 3005 C

TINTA MIOLO
ACTEGA Premiata

TINTA CAPA
ACTEGA Premiata

PRÉ-IMPRESSÃO CTP
SCREEN PlateRite 8300S

PROVAS MIOLO
Epson Stylus Pro 9880

PROVAS CAPA
Epson Stylus Pro 4880

IMPRESSÃO
processo ofsete

IMPRESSÃO MIOLO
Man Roland Rekord

IMPRESSÃO CAPA
Man Roland 704

ACABAMENTO MIOLO
cadernos de 32 e 8 pp.,
costurados e colados

ACABAMENTO CAPA
brochura com orelhas, laminação
BOPP fosco, verniz UV brilho com reserva

PRÉ-IMPRESSOR & IMPRESSOR
Rettec Artes Gráficas [São Paulo SP]

TIRAGEM
5 mil exemplares

PRODUÇÃO
novembro de 2023

 infinda.com

 infinda

 infindaeditora

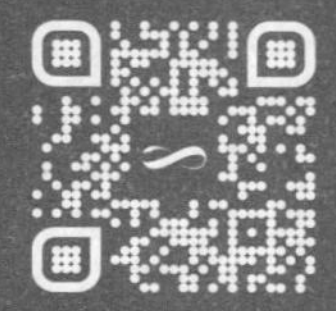

MISTO

Papel | Apoiando o manejo florestal responsável

FSC® C103028

Ótimos livros podem mudar o mundo.
Livros impressos em papel
certificado FSC® de fato o mudam.